Zauber kalt

Zauber kalt

Ein Märchen für Erwachsene

Teil 2
Die wilde Jagd

von Helmut Barthel

Bibliografische Information der
Deutschen Nationalbibliothek:
Die Deutsche Nationalbibliothek verzeichnet
diese Publikation in der
Deutschen Nationalbibliografie;
detaillierte bibliografische Daten sind im
Internet über http://dnb.d-nb.de abrufbar.

Helmut Barthel
„Zauber kalt", Teil 2
© Helmut Barthel
Alle Rechte vorbehalten

Rechte für diese Ausgabe:
MA-Verlag, Stelle-Wittenwurth
ma-verlag@gmx.de
1. Auflage 2021

Satz, Layout und Umschlaggestaltung:
MA-Verlag

Bildnachweise:
Zeichnungen: Gina Rix, © MA-Verlag
Landkarte: Beate Schwab, © MA-Verlag

Herstellung:
tredition GmbH, Halenreie 40-44, 22359 Hamburg

ISBN 978-3-925718-41-0

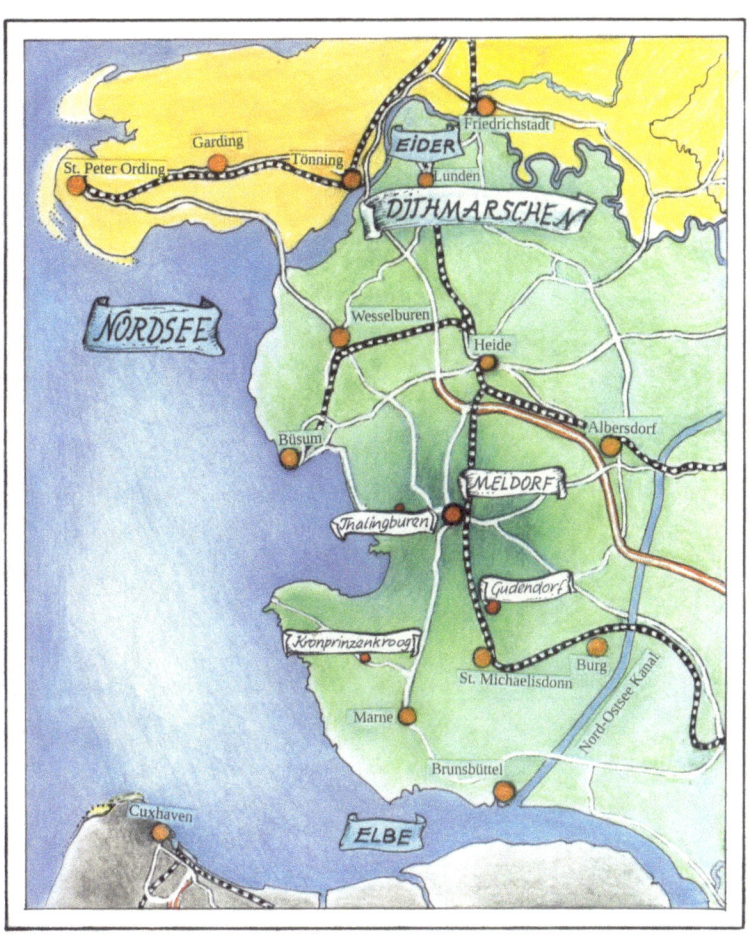

Lasst uns nun weiter zusammenrücken und uns fortbewegen auf einer längst begonnenen Reise entlang der Pfade grenzwertiger Geschehnisse, direkt auf die Folgen lebens- und wirklichkeitsverändernder Konsequenzen zu.

(H. B.)

Von Lappland nach Dithmarschen

Einige Wochen verstrichen und der September im Jahre 1976 war bereits seinem Ende nahe, da wollte ich ebenso wie Kirsten nicht mehr länger darauf warten, noch einmal zu einer persönlichen Beratung von Angesicht zu Angesicht zusammenzutreffen. Die regelmäßigen Telefongespräche, die wir in zunehmend kürzer werdenden Abständen miteinander führten, eigneten sich in keiner Weise, den anwachsenden Wunsch, uns wiederzusehen, auszubremsen oder gar vollständig hintanzustellen.

Unseren ursprünglichen Weg auf den finnischen Pfaden fortzusetzen, bedurfte es bei unserem Zusammentreffen keiner Erörterung oder Beratung mehr, so dass wir alle Zeit darauf verwendeten, unseren vage geplanten Abgang aus Hamburg und die entsprechend unvermeidliche Erklärung gegenüber unseren jeweiligen Partnern zu beraten und in Angriff zu nehmen. Durch bloße Andeutungen und heftige Gespräche waren diese jedoch bereits zuvor im Wesentlichen auf eine solche Entwicklung vorbereitet. Ihren eigenen widersprüchlichen Lagen kamen wir jedenfalls auf diese Weise nicht weniger entgegen als unseren neu gewonnenen Überlegungen.

Ein ehemaliger Arbeitskollege und guter Bekannter von mir hatte mich nämlich nicht lange zuvor zu einem Besuch seines neu erworbenen Hauses, einer früheren Schule, in einem kleinen Dithmarscher Dorf unmittelbar an der Nordseeküste oder wie man auch zu sagen pflegte „achter'n Diek" eingeladen, um mir sogar die Möglichkeit, selbst in dieses für ihn und seine Familie viel zu große Haus mit einzuziehen, nahezulegen und geradezu zu empfehlen. Wenn das nicht mit unserer zu erwarten gewesenen Situation wie auf die Naht gestochen zusammenpasste, würde ich von der Beschaffenheit einer solchen zum damaligen Zeitpunkt auch nichts verstanden haben. Das passte dann einfach sehr gut und es lag auf der Hand, unsere spontan aufgekommenen Absichten und Pläne, den alten Freund und Kollegen umgehend noch einmal auf seinen Vorschlag hin telefonisch anzusprechen, umzusetzen. Unkompliziert und ohne jedes Zögern erhielt ich fernmündlich seine Bestätigung und die Versicherung, sich auf unser baldiges Erscheinen zu freuen.

Die Bekannten und Freunde, die wir anschließend zu aktivieren suchten, uns zu

helfen, bei unserem doch extrem sponta-
nen Entschluss, Hamburg, seine Umgebung und damit auch sie mit unserem
plötzlichen Sprung aufs Land, und das
noch möglichst am nächsten Tag, zu verlassen, bekundeten weder Aufmerksamkeit noch besonderes Interesse und
schon gar nicht auch nur eine geheuchel-
te Bereitschaft, uns durch ihre Mithilfe
dabei zu unterstützen.

Schlussendlich machte uns eine, wenn
auch sehr weit entfernte Bekannte - wir
drückten in der Zeit meiner Ausbildung
zum Krankenpfleger dieselbe Schulbank
- den unfassbaren Vorschlag, uns gemeinsam mit ihrer Freundin am nächsten Tag beim Ein- und Ausladen unserer Habseligkeiten und beim übrigen
Umzug tatkräftig zu helfen. Sogar für
den erforderlichen Kleinlaster wollte sie
als Fahrerin sorgen. Am nächsten Tag jedenfalls ging dann alles derart unspekta-
kulär vonstatten, wenn man einmal davon absah, dass dieser Tag auch der re-
genreichste des Monats war, der uns mit
seinem Rauschen und seinen Windböen
begleitete, als gäbe es nichts Natürliche-
res in der Welt.

Am späten Nachmittag, bei strömendem
Regen und kaltem Wind, fanden wir uns

dann auch endlich dank der zügigen Hilfe der beiden jungen Frauen nach ihrer Verabschiedung - durchnässt bis auf die Unterwäsche und alleingelassen - mit unserem gesamten Hausstand vor dem Türeingang der als unser neues Heim vorgesehenen Wohnung wieder. Den Schlüssel fand ich an der mit dem neuen Vermieter vereinbarten Stelle sehr schnell, und wir schleppten, trugen und kanteten die gesamte Fracht aus dem fortwährenden Regen in die trockene Wohnung.

Es muss weit nach Mitternacht gewesen sein, als wir den letzten Gegenstand unseres Eigentums aus dem aufgeweichten Vorgarten der alten Dorfschule in die trockene Sicherheit unserer gemeinsamen neuen Wohnung trugen. Natürlich hatten wir Sorge dafür getragen, dass die Matratzen unserer Schlafstatt, als erstes vollends aufgebaut, umstandslos zum wohlverdienten Schlaf einluden, nachdem wir alle Türen abgeschlossen und unsere Abendtoilette erledigt hatten. So gab es bis zu diesem Zeitpunkt für uns kein anderes Ansinnen mehr, als endlich, abgeschlagen und todmüde, in einen hoffentlich ergiebigen und fröhlichen Oktobermorgen ohne Wecker und ohne vorherbestimmte Aufstehzeit hineinzuschlafen.

Ich weiß nicht genau, warum ich ausgerechnet in dieser Nacht die warme Höhle auf meiner Matratze in dieser mir augenblicklich so fremden Wohnung unbedingt doch noch einmal, getrieben von dem üblichen, aber völlig unnötigen Gedanken an die Toilette, verlassen mußte. In der Dunkelheit des Flures, dann von Tür zu Tür tastend und endlich am vermeintlich richtigen Ort angekommen, trat ich in einen Raum hinein, der befremdlicher, unaufgeräumter und verwinkelter nicht sein konnte. Vermutlich war es der einzige noch nicht zum richtigen Zimmer ausgebaute Dachbodenraum auf der Etage unserer neuen Wohnung. Es war unheimlich und ich wollte schnell wieder umkehren. Da packte mich ein mir nicht unvertrauter Zug, zerrte mich wie mit unsichtbaren Händen und riss mich unabwendbar in die dunkle Öffnung eines Gerümpelhaufens, den ich erst zu diesem Zeitpunkt überhaupt bemerkte. An diesem Punkt erst war ich mir sicher zu träumen, und ich wendete mich der Gestalt, die ich für Kirsten hielt, arglos zu, um ihr sanft und doch auffordernd auf den Rücken zu klopfen.

Niemand kann sich meinen explodierenden Schrecken in jenem einen Augen-

blick auch nur im Entferntesten ausma-
len, als sich mir mit einer fast plötzlichen Drehung das Gesicht einer uralten
Frau zuwandte. Nicht nur, weil ich nicht
Kirsten vor mir hatte, und auch nicht
nur deshalb, weil ich gerade vieles wollte, nur nicht auffallen, sondern auch,
weil dieses Gesicht das elementare Aus-
sehen eines hügelgeborenen Felsens hatte, fühlte ich mich angesichts dieser ent-
setzlichen Offenbarung geradezu ver-
steinert.

Als mich endlich meine Reflexe zur
Flucht lösen wollten, packte die Alte mich
mit einer Hand derart fest an meinem
Oberarm, dass ich sofort an eine über-
große Rohrzange denken musste. Mein
erster krächzender Laut war wohl der
Grund, weshalb sie ihren Mund öffnete,
und kein speicheltriefendes Raubtierge-
biss konnte ich mir so furcherregend
vorstellen wie diesen leicht geöffneten
Mund mit einem einzigen, deutlich
sichtbaren Vorderzahn. Ihre undurch-
dringlichen, fast schwarzen Augen rich-
teten sich wortlos und unzweifelhaft auf
ihre eigene Hand, mit der sie meinen
Oberarm unentrinnbar festgekrallt hatte.
Meine Augen folgten ihrem Blick, und
die nächste Welle des Begreifens warf
mich förmlich gegen das Holzregal.

Ich weiß nicht, ob ich die Augen die ganze Zeit offen hatte oder ob ich mit geschlossenen Lidern für einen kurzen Moment weggetreten war, jedenfalls beherrschte der Anblick dieser Hand so sehr meine Sinne, dass es ein kleines Weilchen dauerte, bis ich merkte, dass außer mir niemand mehr zwischen diesen dunklen Regalen stand. Nur meine Erinnerung wurde noch lange von der hornigen Verwachsung verfolgt, die den Nagel und die Kuppe ihres Mittelfingers verunstaltete. Quer über den Nagel ihres Mittelfingers nämlich war in doppelter Bleistiftstärke, etwa acht bis zehn Zentimeter lang, ein seltsam horniges Geschwür gewachsen. Das, zusammen mit ihrem eisenharten Griff, hat mich in Wahrheit, wie ich heute weiß, nie wieder losgelassen.

Ich fand Kirsten wieder, neben mir liegend und tief schlafend. Wie rauchverweht schwand das Erlebte langsam im Raum, ganz genau wie auch Idnequapa, und mir wurde übergangslos und unmissverständlich klar: Es ist das Mal, also jenes Geschwür an Idnequapas Hand, das uns verbindet.

Kirsten richtete sich unvermutet auf und fragte: „Hast du was Schlechtes geträumt?"

*

Ein Jahr lang bemühten wir uns darum, uns an diesem wiesen-, weiden- und ackerdominierten Ort hinter den Deichen, circa eineinhalb Kilometer von der Nordseeküste entfernt, so etwas wie ein freiberuflich gestütztes Leben aufzubauen. Malerei, Photographie, das Erstellen von Texten und Schreiben auf unterschiedlichste Art füllten unsere Stunden ebenso wie der intensive Aufbau eines sportorientierten Arbeitszusammenhanges, behelfs dessen sowohl Theorie als auch die Praxis einer spezifischen Kampfkunstentwicklung ihre regelmäßige Präsenz in der entsprechenden Fachöffentlichkeit fanden. Mit der immer größer werdenden Anzahl unserer wochenendlichen Unternehmungen und den damit verbundenen bald schon vielen Besuchern eines zügig umfangreicher werdenden Kreises alter und neuer Freunde hatten wir uns in einem recht überschaubaren Zeitraum, doch schneller als geplant und erwartet, nach der ersten Phase fast beschaulicher Zurückgezogenheit wieder im unsteten Verkehr termingetriebener Tagesbewältigung eingefunden.

Mir allerdings war dieses geradezu als hektisch zu bezeichnende Phänomen aus vergangenen Tagen und Zeiten meiner Lebensgestaltung alles andere als fremd.

Wie sollte ich jedoch auch bei meinem ausgeprägten Interesse an der Kampf-kunst, an allen Formen des Publizierens und bei dem Gären und Wissen um jene Erfahrungen und Geheimnisse meiner noch nicht lange zurückliegenden Reise an den Polarkreis die dabei kaum auszu-malenden Konsequenzen taktisch und strategisch in eine selbstgewählte Alltäg-lichkeit hineinmanövrieren? Am Ende schienen diese Anstrengungen den Ver-suchen eines Kindes gleichzukommen, sich vor irgendeiner wirklichen oder ver-muteten Gefahr mit verhaltener Atmung unter einer Bettdecke verstecken zu wol-len.

*

Der nächste Umzug nach fast einem Jahr Kronprinzenkoog in ein neues Dorf mit dem Namen Thalingburen war deshalb auch bemerkenswert, weil er in seiner Beiläufigkeit keinem unserer bis dahin bewältigten oder zukünftigen Umzüge glich. Ratz-fatz waren wir wohnhaft in einem Ort, dessen unmittelbare Nähe zu der Kleinstadt Meldorf mindestens den Vorzug hatte, durch einen wenige Minu-ten dauernden Sprung auf vier Rädern bis zu jenem von Kirsten gegründeten und geführten Ladengeschäft zu gelangen, das in der Grabenstraße mit der vieldeutigen Bezeichnung „Der Laden" im verkehrstechnisch eher schwer zu erreichenden Nebenzentrum seine Hausnummer hatte.

Nach und nach und mit langsam wachsendem Erfolg etablierte sich das bekannt werdende kleine Geschäft im Meldorfer Umfeld zunächst in der Hauptsache als kleiner Geschenkeladen mit einem ungewöhnlichen Angebotsspektrum hochwertiger Teesorten und darüber hinaus als eine unverzichtbare Einkaufsquelle. Außer einem großen Spektrum zumeist in China und Indien produzierter Kleingeschenke, dem vollen Programm zeitgemäßer Geschmackstees und dem Angebot klassischer, selbstverständlich hochwertiger schwarzer Teesorten, die den großen Anbaugebieten Cylon, Assam und Darjeeling entstammten, und nicht zuletzt natürlich auch außer den verschiedenen unfermentierten grünen Tees sowie sämtlichen dazugehörigen Hilfsmitteln und Accessoires nebst verschiedenen Teegeschirren und Servicen fanden sich zudem beispielsweise kleine Flechtkörbe, lateinamerikanische Modetextilien, Silberschmuck und die mithin seinerzeit größte Auswahl unterschiedlichster Räucherstäbchen im norddeutschen Raum. Unter Jugendlichen und jungen Leuten insbesondere sprach sich die Attraktivität dieses kleinen Ladens in der Grabenstraße als Treffpunkt zum Schnuppern und Einkaufen ausgesprochen schnell herum, obwohl es auch nicht lange dafür brauchte, dass immer mehr Kunden jeglichen Alters und unterschiedlichster gesellschaftlicher Herkunft ein fortwährendes Interesse an den jeweils aktuellsten Angeboten entwickelten. Kirsten führte dieses ihr Geschäft mit dem Engagement und der Kundenfreundlichkeit der Inhaberin von seinem Beginn bis zu seiner späteren Auflösung. Zum Ausgleich und als Nebenerwerb begann auch ich in dieser Zeit mit der Herstellung von Ledergürteln, -haarspangen und besonderem Lederschmuck sowie ihrem Vertrieb an den Handel.

In Thalingburen wohnten wir für etwa ein Jahr. Zwei eindrückliche Ereignisse jedenfalls, an die ich mich aus dieser Zeit noch erinnere, waren doch äußerst denkwürdige Erfahrungen mit unserem Kater Merian, den wir unserer häufigen Umzieherei wegen in Kronprinzenkoog gegen starken inneren Widerstand in der Obhut von Freunden zurückgelassen hatten, weil wir in jener Zeit die Überzeugung mit anderen teilten, dass eine Katze als eher ortstreues Tier, also in unserem Fall Merian, voraussichtlich versuchen würde, zu seinem letzten und gewohnten Lebensraum zurückzukehren. Dass sich unser Kater dabei heillos verlaufen würde, mutmaßten wir gemeinsam mit Freunden bei einer Beratung darüber, was am besten zu tun sei. So reisten wir dann nicht ohne Herzruck am Tage unseres Umzugs ohne ihn ab.

Es geschah etliche Wochen später, als mich zu meiner Überraschung eines frühen Abends ein klägliches Maunzen und Katzenweinen förmlich an die Haustür rief. Das wattmatschverschmutzte und abgemagerte Häuflein Elend, welches sich übergangslos zwischen meine Beine drängte und unaufhörlich gottserbärmliche Maunztöne von sich gab, so über und über schlammverkrustet, wäre selbst, wenn ich es nicht als meine Katze Merian erkannt hätte, demnach ein gefühlserschlagender Grund gewesen, es sofort in meine Obhut zu nehmen.

Kirsten und ich befreiten kurzentschlossen unseren Kater, wenn auch in der Badewanne mit dem Duschschlauch, von dem ganzen in seinem Fell angetrockneten Dreck. Erstaunlicherweise stießen wir auf nicht den geringsten Widerstand dabei, selbst als wir das Tier am Ende heftig frottierten und trockenrieben, um es schlussendlich mit einer ersten Portion Fleisch aus der Hundefutterdose zu versorgen. Viele Stunden unter einem Heizkörper ausgestreckt schlief schließlich unsere doch so menschenanhängliche Katze den langen Schlaf der Gerechten, bis in ihre Träume jedoch hörbar verfolgt und heimgesucht von den Erfahrungen auf ihrer vermutlich bizarren und langen Reise.

Erst viele Monate später war es dann auch dieser Kater, der mich nach dem Sonnenuntergang mit einem mir völlig unvertrauten Verhalten bei einem Treffen vor unserer Haustür dazu veranlassen konnte, mit Hilfe seines dafür eigens gewählten Signals, ihm doch endlich zu folgen und sprichwörtlich hinterherzulaufen. Er hörte nicht auf, derart auffällig und intensiv um meine Beine herumzustreifen, dann wenige Meter vorzulaufen, um abermals zurückzukehren und wieder einige Meter vorzulaufen. Fast glich er in seiner Art, sich zu bewegen, auf diese Weise eher einem Hund, und das tat er so lange und so entschieden, dass ich mich entschloss, ihm wie einem Hund, der sich anschickte, mir etwas zu zeigen, tatsächlich zu folgen. Immer wieder versicherte sich der Kater aufs Neue, dass er mich im Schlepptau hatte, indem er kurz stehen blieb und sich offensichtlich nach mir umdrehte.

Meine Aufmerksamkeit und meine Neugier waren geweckt, und den offenbar letzten Teil der Strecke legte er mit mir auf diese Weise ohne weiteres Stehenbleiben zurück. Völlig unerwartet und nach wenigen Minuten bereits, ließ sich Merian mitten auf einer fast eingezäunten Wiese in unmittelbarer Nachbarschaft zum Garten unseres Mietshauses auf seinen Hinterbeinen in eine sitzähnliche Hockstellung nieder und streunte unstet, ohne mich eines weiteren Blicks zu würdigen, nur noch mit seinen Augen kopfwendig und scheinbar grundlos in dem gesamten Blickfeld, das vor seinen Augen lag, umher.

Die nächste Katze mit ähnlicher Blickstellung wie Merian konnte ich erst einige Augenblicke später etwa 15 bis 20 Meter von mir entfernt entdecken. Wieder einen kurzen Moment weiter erkannte ich dann im hellen Schein des inzwischen stark leuchtenden Fast-Vollmondes, dass ich meinem Kater gegenüber inmitten einer schwer zu zählenden Ansammlung von etwa neun bis zwölf Katzen stand, jede auf ihren Hinterbeinen hockend, und dass ich gewiss nach menschlichen Maßstäben ein ziemlich dummes Gesicht gemacht haben musste. Einige Minuten konnte ich, vermutlich mit Merians Hilfe, dieser ungewöhnlichen Versammlung still und fast reglos beiwohnen, dann verschwanden die Katzen schnell hintereinander in den Schatten der Nacht.

Dieses Mal folgte mir Merian auf meinem Weg zurück zum Haus, und mir blieb von diesem seltsamen Erlebnis lediglich ein Kribbeln zwischen den Fingern meiner rechten Hand.

Meldorf

(Teil 1)

Das kleine Backsteinhäuschen in Thalingburen, das wir während der Zeit der Ladeneröffnung zum abendlichen Geschäftsschluss und an den Wochenenden unser Zuhause nennen konnten, bot für alte Freunde jedoch ebensowenig wie für neue Bekannte genügend Anlass, zu gelegentlichen Besuchen oder Zusammenkünften anzureisen. Dieser Umstand wandelte sich fast übergangslos und unmittelbar, als wir endlich dann an einem Sonntag mit Hilfe einer wahren Rostlaube, einem kostenlos entliehenen VW-Bulli, unseren endgültigen Umzug in eine große Wohnung über Kirstens Laden in Angriff nehmen und noch vor Geschäftsöffnung am nächsten Morgen beenden konnten.

Direkt einen Hauseingang weiter in derselben Straße war die Firma der von mir betriebenen Leder- und Schmuckwerkstatt untergebracht. Jeden Morgen noch vor dem Frühstück war ich in der Pflicht, die Tür für die erste Schicht der Mitarbeiterinnen und Mitarbeiter zu öffnen, welche sich dann zu dieser Zeit be-

reits zur Herstellung des von uns vertrie-
benen Modeschmucks und der Leder-
accessoires einfanden, die wir als Großlie-
ferant und Auftragsproduzent fertigten.

Ausschließlich an den Wochenenden
fanden wir Zeit, mit weiträumigen Spa-
ziergängen oder Ausflügen unsere nähe-
re und etwas entlegenere Umgebung zu
erkunden, und lernten bei dieser Gelegenheit vieles über unsere Nachbar-
schaften und ihre sozialen Besonderhei-
ten. Vorzugsweise fanden wir uns in den
vielen Forsten und Wäldchen ein, die
uns mit Blick auf den betriebsamen Alltag mehr waren als nur Erholung. Dabei
streiften wir schon früh und zumeist im
Rahmen dieser Ausflüge auf der Straße
nach St. Michaelisdonn ein kleines Dorf
mit dem Namen Gudendorf, welches zu
jener Zeit allerdings kaum zu einem
Zielpunkt unserer sonntäglichen Ausflüge werden konnte. So war es schon eine
besondere Überraschung, eines Tages
von einer Ladenkundin zum Kaffeetrin-
ken eingeladen zu werden, und das an
einem unserer regelmäßig freien Wochenenden, denn sie hatte ihren Wohn-
sitz in Gudendorf.

Als Kirsten und ich uns dann, der Einla-
dung folgend, das erste Mal an der Gar-

tenpforte des Bungalows mit der richtigen Hausnummer eingefunden hatten, konnten wir die Vorzüge dieses Wohnsitzes bereits vor Betreten des Geländes erkennen, denn in einer Reihe fand er sich mit ähnlichen kleinen Häuschen in derselben und einzig bewohnten Straße des Ortes.

Die Gärten, die sich hinter diesen Häusern fortsetzten, gingen allesamt und unmittelbar in ein mit bloßen Augen nicht überschaubares, großes Waldgebiet über, welches sich längst von einem bloßen Forst emanzipiert zu haben schien und sich fast wildgewachsen bis an den Horizont erstreckte.

Allerdings auch erst nach diesem Treffen mit Charlotte und Peter und nach einem langen, gesprächsintensiven Besuch ergab sich gleich der gegenseitige Wunsch auf eine Fortsetzung solchen Gedankenaustausches und das Versprechen, sich wiederzusehen. Und so hielten wir es auch. Es kam zu einem dauerhaften und, insbesondere das Thema Zauberei betreffend, hochintensiven Austausch und Kontakt. Auch unsere übrigen Verbindungen waren neben den gemeinsamen Interessen an Kampfsport, an Kunst und an geschäftlichen Belangen im Wesentlichen durch das Interesse an allem, was den Umgang mit alten Traditionen längst vergangener Glaubensstrukturen und Denkweisen zu tun hatte, orientiert und davon getragen. Vieles jedoch stützte sich in der Hauptsache auf die große Menge meiner Erfahrungen und vor allem auf meine permanente Praxis auf diesem Gebiet, den Erfolg, den ich damit erzielte, und meine Präsenz im taktisch-täglichen Einerlei wie auf die perspektivischen Konsequenzen, und für mich wurden die Inhalte und Belange, welche auch nur entfernt um derartige Themen kreisten, dort zum Motiv, Schwerpunkt und zum Hauptanliegen meines alltäglichen Strebens und Tuns.

Gudendorfer Wald

(Teil 1)

Vor dem Hintergrund von nur zwei oder drei nächtlichen Besuchen jenes Waldgebietes, das unmittelbare, wenn auch nicht markierte Übergänge zum Garten des Hauses unserer Gudendorfer Freunde ebenso wie zu anderen anliegenden Gärten aufwies, kamen wir doch sehr schnell zu dem Schluss, für solche nächtlichen Spaziergänge besser das Haus von Charlotte und Peter als Ausgangsbasis zu nutzen und gingen auch rasch mit ihrem Einverständnis und ihrer Bestätigung dazu über, ihre Wohnung und ihr Haus als Treffpunkt für Gleichgesinnte in Gebrauch zu nehmen.

So wurde es gerade dieser Wald in Gudendorf, den wir bald selbst zu unserem Grenzübergang in eine andere Welt machten, nachdem wir bereits unsere höchst eigenen Erfahrungen in Anbetracht unseres subjektiven Verständnisses von Zauberei und von den Begegnungen mit der Geisterwelt gesammelt hatten.

Der erste gezielte nächtliche Gang mit sieben involvierten Freunden, den Kirsten und ich unternahmen, sollte doch von Beginn an die Intensität, die Menge spektakulärer Ereignisse und Erfahrungen und ihre Objektivierbarkeit derart unmissverständlich in den Mittelpunkt unseres Erlebens rücken, dass daraus bei vielen Gelegenheiten in den folgenden Monaten und Jahren fast eine Institution nächtlicher Waldgänge im Rahmen unserer übrigen Auseinandersetzung und Beschäftigung mit Themen rund um die sogenannte echte Zauberei, Stichwort Castaneda und ähnliche Autoren, wurde. Unser gesamtes soziales Umfeld war partiell, funktional oder mit Herz und Seele in gesellschaftspolitische Engagements und linke Involvenzen ebenso verteilt und verstrickt wie in darüber hinaus ausgerichtete Fragen philosophischer, religiöser oder gar esoterischer Natur.

In diesem Zusammenhang fanden Unternehmungen wie unsere nächtlichen Waldgänge genauso selbstverständlich ihre Zeit, ihren Raum und ihren Platz wie andernorts Meditation, Tai Chi oder Yoga. Es war mithin eine Zeit der Orientierungen, Umbrüche, Aufbrüche und Experimente. So viel nur zum Verständnis, warum diese Dinge den sozialen und politischen Selbstverständnissen genauso wenig entgegenstanden wie verlegentliche Beteiligungen oder entschlossenes Engagement.

Unser erster Waldgang also, den wir mit sieben Personen in einer fast wolkenlosen Nacht unternahmen, führte uns direkt durch das Gartentor von Charlotte und Peter in einen von Anbeginn verwildert wirkenden Teil des durchwachsenen, aufhügelnden und in der Ferne entufernden Waldgebietes, das sich zwischen Geest und Marsch erstreckte.

Nach den etwa 50 Schritten, mit denen die kleine Gruppe in den Wildwuchs hineinstapfte und -stolperte, blieb bald schon im fast schleichenden Gang nach einer kurzen Anweisung etwa alle 15 bis 20 Meter jeweils eine Person stehen und ließ alle anderen in Blickrichtung weiterziehen, bis auf einer Strecke von etwa 100 Metern alle fast in eincm Halbkreis zwischen den Bäumen, hohen Gräsern und Büschen verteilt waren. Bis auf ein gelegentliches Rascheln im Unterholz oder noch seltener ein flügelschlagendes Flattern in den Wipfeln der Bäume war nur noch das Rauschen der Ferne jener Nacht zu verzeichnen. Man konnte fast sehen als auch vermuten, wie 18 Ohren diesen fremden Geräuschen und dem leichten Rauschen kaum spürbarer Winde mit dem verhaltenen Knacken und Knistern im Geäst der Bäume und dem plötzlichen Rascheln über dem Boden im Unterholz lauschten. Vor dem Hintergrund dieser steten Waldgeräusche stellte sich nach einer Weile angestrengter Aufmerksamkeit doch langsam bei allen Beteiligten eine beruhigende Entspannung ein, die allerdings auch gerne von einer langsam aufkommenden Schläfrigkeit abgelöst wurde.

Wie muss der Schrecken in diese Körper gefahren sein, als die gleichmäßig scheinende Stille des Waldes von einem weittragenden und furchterregenden Schrei zerrissen wurde und er zu allem Überfluss sofort von dem einen oder anderen Flattern in den Wipfeln der Bäume und dem vielfachen Tapsen und Klopfen flüchtender Kleintiere begleitet wurde?

Dann wieder die Stille der Nacht und in kurzer Folge überraschend das laute und brechende Geräusch einer Herde großer Tiere, die, aus dem nahen Wald kommend, polternd und schleifend durch das Dickicht brachen. Vom Standvermögen der gut im Wald verteilten Personen konnte jetzt nicht mehr die Rede sein, denn mit teilweise panischen Gesten und lautem Rufen hatten sich spätestens in diesem Moment alle in Bewegung gesetzt, um stolpernd und unachtsam in die Richtung des schutzverheißenden Gartens von Charlotte und Peter zu flüchten, wohl von dem Bedürfnis getrieben, sich schnellstmöglich an einem zivilen Ort wiederzufinden, um sich von dort aus sicher umzuschauen.

Noch nie habe ich Menschen in unwegsamem Gelände so schnell laufen gesehen.

*

In meinem Bekanntenkreis allerdings wuchs die Neugier an diesen Geschichten mit jeder Erzählung, die ich zu diesen Erlebnissen beizutragen wusste, und mit jedem Bericht darüber an. Sie gaben sogar nicht selten Anlaß zu langen Diskussionen und intensiven Einzelgesprächen. So entstand auch der engere Kreis von Freunden, die mit mir gemeinsam in fortwährend kleiner werdenden Abständen viele Stunden mancher Nacht im Gudendorfer Wald zur entsprechenden Forschung und Wissensanreicherung zubrachten.

Ich erinnere mich an einen nächtlichen Ausflug, den wir gegen jede Gewohnheit mit nur vier Personen unternahmen. Fast routinemäßig wechselten wir auch bei dieser Gelegenheit unweit der parkenden Autos über die schmale Dorfstraße hinweg, an deren Rand sich die Häuser der meisten Anwohner aufreihten, zügig in das angrenzende Wäldchen. Zu viert stapften wir über einen breiten Einfahrtsweg in vertraut gemächlichem Tempo mitten in die von verschiedenen Schonungen und Forsten bewachsene, kleinhügelige Region. Unser bereits im Auto begonnenes Gespräch über Lykanthropie und Werwölfe setzten wir auf dem Weg zwischen kiefer- und laubholzbewachsenen Baumbeständen zunächst plappernd fort, so als gäbe es nichts Normaleres, als nachts laut schwatzend durch den Wald zu spazieren.

Bei diesem nächtlichen Gang veranlasste ich unerwartet einen 180-Grad-Schwenk unserer Gruppe exakt in die Richtung zurück, aus der wir gerade gekommen waren, bis wir rechter Hand wieder auf eine Lücke, die wie eine Toreinfahrt tiefer in das waldig-hügelige Gelände führte, stießen. Mit unserem weiteren Vordringen konnten wir die große und weite Fläche mit spärlichem Bewuchs, zumeist von kleineren Bäumen oder Sträuchern, weitreichend übersehen.

Noch während ich so an Büschen, Sträuchern und Gestrüpp vorbei waldeinwärts lief, wurde mir doch etwas mulmig zumute, und ich wendete mich scheinbar spontan mit meinem tapsenden Lauf plötzlich wieder in die Richtung, aus der ich gerade gekommen war. Meine Augen senkten ihre schweifende Suche mehr und mehr auf den Weg vor meinem eiliger werdenden Schritt. Vielleicht sah ich sie deshalb wie in die Luft gespuckt unvermittelt materialisiert auf der Spitze eines verzweigten, etwa hüfthohen Gebüsches bequem liegend, offenkundig gegen jeden mechanischen Sinn oder, wie man allgemein sagt, gegen jedes physikalische Gesetz verstoßend. Sie lag förmlich in der Luft und schwebte gewissermaßen über den Blättern des Geästes. Einem plötzlichen Gefühl folgend bewegte ich mich unverzüglich und schnell auf die schwebende Katze zu. Doch bevor ich sie erreichen konnte, wandte sie ihren bis dahin starren Blick von mir ab, sprang in die schützenden Schatten des Gesträuches auf ihrer Seite und war schnell in den Konturen der Büsche und Zweige verschwunden.

Bald darauf folgten in dieser Nacht noch deutlich zu bemerkende und brechende Laute aus unterschiedlichsten Richtungen in unserer nächsten Umgebung. Krachend schlug hier und da ein schwerer Gegenstand auf dem Waldboden auf. Gemeinsam traten wir, so verschleiert wie möglich, den vorzeitigen Rückzug an.

An einem der nächsten Abende zu bereits später Stunde hatten wir uns mit insgesamt neun Leuten nach der üblichen Platzierung aller Beteiligten im halbmondhellen Licht über eine gerade noch erkennbare Fläche auf der uns vertrauten Lichtung verteilt, wo sofort jeder an seinem Platz dann auch angestrengt zu lauschen begann. Wie ein Wispern zu Beginn war es anfangs nur sehr leise zu hören und die Stimmen, die weit entfernt hell und hoch erklangen, schienen einem Frauenchor schon sehr ähnlich. Dem im Laufe der nächsten Minuten immer lauter werdenden Gesang lauschten wir bald alle ausnahmslos mit wachsender Faszination und mit zunehmendem Interesse. Auf geheimnisvolle Weise schälten sich die Stimmen mit sich seltsam zuspitzender Klarheit aus der Tiefe der Nacht und des Waldes von fast überall her heraus, und sie schienen, aufschlagenden Meereswellen vergleichbar, stetig auf uns zuzukommen. Fast überflüssig zu bemerken, dass wir, also ausnahmslos alle Beteiligten, unverzögert begannen, unseren indessen nicht mehr so geschützten Rückzug anzutreten.

*

Von einer Kampfkunstschülerin weiß ich in diesem Zusammenhang zu berichten, dass sie mit fortschreitender Heftigkeit von den Knien aufwärts an einer Arthrose mit zunehmenden Gehstörungen und Bewegungseinschränkungen erkrankt war. Auf ihren ausdrücklichen Wunsch hin bekam sie die Gelegenheit, unsere kleine Gruppe bei einem der Nachtausflüge in den Wald zu begleiten. Das weckte dann nicht nur ihr Interesse an unseren Praktiken in der Nacht, sondern machte sie auch in dieser Angelegenheit zu einer aufs Tiefste engagierten Schülerin der Zauberei, so wie wir sie verstanden. Nach der zweiten Gelegenheit, bei der Adele ihre umfassende Einführung in die Praxis dessen erhielt, was die Waldgänge uns ermöglichten, war sie bereit.

So begann der nächste Morgen des folgenden Tages mit ihrer haarsträubenden Entdeckung, dass sie, die bis dahin schwerst gehbehindert gewesen war, überraschend und ohne Schmerzen und

Einschränkungen ihre Beine und Füße benutzen konnte und damit, so normal wie jede andere Person auch, zu gehen und zu laufen vermochte. Der überprüfbare Beweis einer vollständigen Verbesserung ihrer Bewegungsfreiheit hatte sich dann auch nach einigen Stunden ungeordneter Bewegungen und Belastungen doch als derart unabänderlich erwiesen, dass sich die damit neu gewonnene Vitalität und Freiheit merklich etablieren konnte. Wenn auch nur nebenher ließ sie deshalb keine Chance aus, für sich ihre weitere Teilnahme an unseren nächtlichen Waldexkursionen zu sichern.

Es gab über eine lange Zeit eine hohe Frequenz solcher Aktionen am immer gleichen Ort zu immer gleicher Zeit. Dies alles geschah fast ausschließlich nur in den Nachtstunden, eben weil diese in unsere von Arbeit freie Zeit fielen und uns als freie Stunden ungestört für den Spaziergang gesichert blieben.

Die wohl krasseste Konfrontation zwischen Busch und Wald, Hügeln und Senken, an die ich mich dunkel erinnern kann, war die Begegnung mit dem Mann aus Holz. Nie wieder habe ich so etwas Naturbelassenes und gleichzeitig Unnatürliches gesehen: ein Baum ohne Rinde,

Zweige wie Haare, Äste wie Arme und Wurzeln wie Beine, die in den Gelenken kronschten und knirschten. Im Halbdunkel einer fast Vollmond beschienenen Nacht, im Gewirr vieler anderer Bäume, Äste und Zweige trat er mir in etwa zweihundert bis dreihundert Metern Entfernung entgegen wie ein lebender Mensch. Fluchtreflexe in alle Richtungen auf meiner Seite und nur ein Antrieb, dem ich noch verfallen war: abhauen, davonlaufen und nach Möglichkeit in die verschiedenen Richtungen, die mir einen Weg offen ließen. Höchst bedrohlich und mit jedem Stampfen ein paar Schritte weiter, bewegte sich der Baummann direkt auf mich zu. Das hielt ich nicht aus und wenige Augenblicke später fand ich mich, nach Luft und Fassung ringend, mit heftig klopfendem Herzen auf der Mitte der Hauptstraße des kleinen Dorfes nahe einer Straßenlaterne wieder. Erst nach einer langen Zeit des Zögerns wagte ich es, den Rückzug zu Peters Haus anzutreten. Wie immer wurde mir bereits und nicht nur angesichts der Freude von Peter und Charlotte über mein ungeplantes Erscheinen an ihrer Haustür aufs Angenehmste wohlig, und ich trat wie nach getaner, harter Arbeit und mit schauerndem Blick in ihre warme Stube.

Meldorf

(Teil 2)

Viele Fragen in der folgenden Zeit an meine wachsenden Fertigkeiten, körperliche Probleme anderer Menschen in Ordnung zu bringen oder in manchen Fällen gar zu heilen, brachten mich deshalb zunehmend dazu, neben meiner Leidenschaft, Kampfkunst zu unterrichten, genau diese Praxis auszubauen und zu helfen, wo ich es nur konnte.

So brachte ich die nächsten Monate und Jahre damit zu, mein Wissen und meinen immer größer werdenden Erfolg im Umgang mit Erkrankungen unterschiedlichster Art zu bewältigen. Nebenher wuchs auch meine anfangs kleine Gürtel- und Lederschmuckproduktion immer weiter zu einem richtigen Großhandel an. Mit der verbliebenen Entschiedenheit widmete ich dann noch die meiste Zeit dem Ausbau und dem Unterricht eines eigenen Kampfkunststils zu einer richtigen Schule, die ich unter der Bezeichnung Tan Tien Tschüan in Fachkreisen vorstellte. Mir gelang es dabei, diesen Stil immer größeren Kreisen zugänglich zu machen und mit wachsendem Erfolg zu etablieren. Permanente Termine für den Einzelunterricht, für Lehrgangs- und Trainingszeiten, für Gruppenausbildungen und Vorträge bestimmten deshalb einen nicht geringen Teil meiner Tagesabläufe.

Der Kampfkunst- und Selbstverteidigungsunterricht, den ich in dieser Zeit erteilte, organisierte sich sowohl in unterschiedlichen Schwerpunkten unter anderem über den stadtansässigen Turnverein TURA als auch über häuslichen Einzelunterricht in kleinen Gruppen. Nicht wenige von den persönlichen Verbindungen, aus denen heraus sich dann später Tan Tien Tschüan-Dauerkontakte entwickelten, waren Kirstens Geschäftskunden.

*

Auch Silke war als Ladenkundin wie viele andere mit Kirsten und mir über die bloße Konversation hinaus auf einen ausgesprochenen Gedankenaustausch über Weltanschauungsfragen ausgerichtet gewesen und so im Laufe der Zeit zu unserer Gruppe gelangt. Sie war so sehr bei der Sache und besonders an esoterischen Fragen und Problemstellungen eines magischen Selbstverständnisses interessiert, dass sich ihr Status von einer ausschließlich die Kampfkunst erlernenden Person doch sehr schnell auch zu meiner Schülerin in den Fragen der Zauberei, die mich bewegten, wandelte. So war Silke natürlich absehbar auch relativ schnell neugierig darauf zu erfahren, was es mit den nächtlichen Waldgängen von Kirsten und mir und einigen anderen Schülern auf sich hatte. Als Tochter der Familie eines großen Wirtschaftsunternehmens hatte sie eigentlich bereits mit ihrem Psychologiestudium gegen erhebliche Regeln eklatant verstoßen und der Umstand, dass sie als Psychotherapeutin auf ihrem Fachgebiet auch noch beruflich tätig war, trug nicht gerade zu einem absehbaren Ende dieser speziellen Missstimmung insbesondere ihrer Eltern bei. Vielleicht gerade deswegen, aber auch wegen ihrer Neugier und ihres allgemein großen Interesses an der Praxis und der Theorie magisch-esoterischer Systeme, wurde Silke für Kirsten und mich zu einer immer ernster zu nehmenden Gesprächspartnerin.

Angelegentlich eines besonderen Zusammentreffens unter manchen weiteren, nicht selten auch mit vielen anderen Leuten, die an den gleichen Fragen interessiert waren, kam es zum Beispiel zu einem eher als typisch zu bezeichnenden Dialog zwischen Christian, dem Ehemann von Silke, und mir. Während eines angeregten Gesprächs nämlich, an dem ausnahmslos alle Anwesenden beteiligt waren, blätterte Christian, wenn auch unkonzentriert, in irgendeiner sozialpädagogischen Fachzeitschrift herum. Ich wies ihn deshalb darauf hin, dass ich das doch ein wenig ignorant fände, und schlug ihm vor, den Ort zu wechseln, wenn er Besseres zu tun hätte, als sich an der laufenden Diskussion zu beteiligen. Seine Antwort lief dann auf das Argument hinaus, dass er doch ebenso wie alle anderen interessiert zuhöre und gleichzeitig etwas in der frisch erworbenen Zeitschrift schmökere. Ich bezweifelte jedoch, dass er, anders als alle anderen, dazu in der Lage war, beiläufig lesend in einer Zeitschrift zu blättern und sich zur selben Zeit mit voller Aufmerksamkeit einem interessanten Gespräch zu widmen. Darauf entgegnete er, er sei doch ein Sucher und deshalb jede Sekunde damit befasst, dem Wesentlichen nachzuspüren.

Oh, wie gut ich ihn verstand. Also begann ich auf der Stelle, nach meinem scheinbar verloren gegangenen Schlüssel zu suchen. Meine unerwartete Entschiedenheit und die ungeteilt intensive Aufmerksamkeit, die ich folglich meinem Suchunterfangen widmete, riss die meisten im Raume aus der eher misslichen Wartelethargie und veranlasste viele von ihnen, mit mir gemeinsam gebückt oder auf den Knien den Teppichboden nach dem verschwundenen Schlüssel abzutasten. Nach wenigen Sekunden fragte ich Christian: „Meinst du so etwas mit dem Suchen, und das, während du liest?" Er musste über sich selbst lachen.

Christian fand sich schnell in der Runde unserer Freunde und Gesprächspartner ein und war neben Silke bald auch eine gute Adresse, problembefrachtete Erörterungen und Beratungen mit auf sich zu laden. An diesem Tag trug dieser Scheindisput am Ende eher zur Entspannung unter den Anwesenden bei, und so waren die folgenden Stunden in der Hauptsache von ernsthaften Überlegungen und Gesprächen darüber bestimmt.

*

Von den diversen Dingen, die ich tat, und den vielen Geschehnissen, an denen ich in den Meldorfer Zeiten beteiligt gewesen war, ist mir unter anderem die Geschichte einer besonderen Freundin von Peter im Gedächtnis geblieben, deren Rückenschaden von unserem Freund aus Gudendorf zum Anlass genommen wurde, mir dieselbe zwecks möglicher Behandlung vorzustellen. Wenn auch widerwillig, sagte ich einem solchen Versuch schlussendlich zu und konnte helfen.

Eine weitere Freundin Peters, die er mir daraufhin zeitnah vorstellte, eine Bundesbeamtin der höheren Laufbahn, mit ähnlichen Rückenproblemen, die sie auch beruflich sehr einschränkten, wurde von ihm an mich verwiesen. Auch bei ihr erwiesen sich meine Möglichkeiten als sehr hilfreich und konnten ihr im Wesentlichen nutzen. Nach circa acht Wochen waren ihre Probleme dienstlich wie privat weitreichend beseitigt.

Dieser Umstand insbesondere wie zur gleichen Zeit noch viele Anliegen ähnlicher Art, die so oder auch anders an mich herangetragen wurden, belasteten mich doch sehr und brachten mein entsprechendes Leistungsvermögen zumindest in zeitlicher Hinsicht an deutliche Grenzen. Das veranlasste mich, in den nächsten Tagen und Wochen langsam bei allen Planungen und Anforderungen meine eigenen Interessen mehr und mehr in den Vordergrund zu rücken.

Gudendorfer Wald

(Teil 2)

Neben anderen Ansinnen verstärkte ich in jener Zeit deshalb auch die Häufigkeit der gemeinsamen nächtlichen Ausflüge von Kirsten und mir in den Gudendorfer Wald. Und ich bin mir sicher, hätte es die Verschärfung dieser besonderen Exkursionenfrequenz nicht gegeben, wäre es zu einer ganz bestimmten Begegnung mit fundamentalen Folgen bis auf den heutigen Tag für mich nie gekommen. Dabei dreht es sich bereits um die enge Kette verschiedener Zusammentreffen der seltsamsten Art auf den Höhepunkten jener Erfahrungen, die sich an dicht aufeinanderfolgenden Nächten der von mir beschriebenen Nachtausflüge ereigneten.

In einem Dickicht, dicht am Boden unseres Gudendorfer Waldes und seines wilden, durchmischten Baumbestandes, ereilte mich und Kirsten nach einer üblichen Einweisung aller übrigen vier beteiligten Freunde der erste große Schrecken, auch im Verhältnis zu allen anderen furchteinflößenden Erlebnissen, die in dieser Gegend früher stattgefunden hatten.

Wir saßen in der Hocke und lauschten den eigentümlichen Klopfgeräuschen, die laut und gut vernehmlich dicht unter der Erde gerade an dieser Stelle am akzentuiertesten zu hören waren. Bei dem viel zu sanften Wind kam entgegen aller Erwartung ein anschwellendes Rauschen der umliegenden Wipfel hinzu. Dieses fast orchestrale Knistern und aufeinanderschlagende Rasen zahlloser Blätter passte so gar nicht zu den Eindrücken kaum bewegter Lüfte. Nicht mehr lange hockten wir noch nahe der Erde in dem eher mondhellen Teil der leicht hügeligen Landschaft. Wir schafften es gerade noch, etwa zwei Minuten später, eine von aufkommender Furcht bestimmte Fluchtbewegung mit dem Anschein stolz aufgerichteter Gleichmütigkeit zu verknüpfen. So stapften wir eilig und leicht geduckt davon. Peters Haus erreichten wir dementsprechend abgekämpft und fern jeder Heiterkeit in unseren Gemütern. Die vier befreundeten Begleiter hatten nach ihren Erzählungen, wenn auch jeder auf seine sehr eigene Weise, Ähnliches erlebt und waren froh und in voller Übereinstimmung mit mir und meiner Entscheidung, den Ort an diesem Abend so plötzlich wie auch zügig verlassen zu haben.

*

Mit Hermann zusammen, einem guten Freund aus dem Meldorfer Bekanntenkreis, waren Kirsten und ich viel später noch einmal auf einem unserer nächtlichen Ausflüge in dem vertrauten Wäldchen und fast punktgenau an demselben Platz zur Ruhe gekommen, um uns hier sprichwörtlich niederzulassen. Aber auch bei bester Gefasstheit und einer unserem Freund gewidmeten gewissenhaften Vorbereitung waren wir, kaum angekommen, nach wenigen Augenblicken auf dem geduckten Rückzug und nach einigen Schritten auf einer unverhohlenen Flucht. Unerwähnt sollte nicht bleiben, dass bei diesem Abenteuer irgendetwas Unheimliches mit Hermann, von dem ich hier berichte, geschehen ist, das mich überhaupt zu der eigentümlichen Bezeichnung dieses Ortes als Platz des Vogels veranlasst hatte.

Hermann kniete wie Kirsten und ich auf dem Boden des Waldes. Unvermittelt gab er krächzende Laute von sich, die denen von Krähen oder Raben sehr ähnlich waren. Dann verschränkte er die Arme vor seiner Brust, begann sich zu wiegen und sein Gesicht schien sich, besonders mit Blick auf seine Nase, mehr und mehr zu einem Schnabel zu verwandeln. So als ob er mit der Spitze seiner Nase Gewürm oder Körner aus der Erde picken wolle, zuckte er ruckartig nach oben, nach unten, quer zur Seite oder schräg nach vorne. Wir waren zu nah an ihm dran, als dass wir seinen mit dem Kopf vollzogenen Stich-, Schlag- und Hackbewegungen richtig folgen konnten. Als wir mit ein paar Schritten Abstand zu dem immer noch am Boden Hockenden gefunden hatten, bestätigte sich der Eindruck, dass wir es mit einem riesigen Vogel in menschlicher Gestalt zu tun hatten. Kurze, gestreckte Flügelschläge, die Hermann mit seinen gekrümmten Armen von der Schulter bis zur Ellenbeuge und wieder zurück vollführte, verstärkten diesen Eindruck enorm. Nach einigen intensiven Augenblicken der seltsamen Sprünge und staksigen Verharrungen kam der Spuk vor unseren Augen so plötzlich, wie er erschienen war, zum Stillstand. Hermann blickte uns an, als sei nichts geschehen.

Darauf angesprochen wusste er überhaupt nichts mehr von seinem Gebaren und seinen äußerst anstrengenden Verrenkungen. Eher huschte bei unseren Nachfragen ein unwissendes Lächeln über sein Gesicht und ich reichte ihm meinen Arm zur Unterstützung dabei, aus seiner noch beibehaltenen Hockhaltung hochzukommen. Er jedoch schlug diese Hilfe freundlich aus, sprang beeindruckend schnell auf seine Füße und fragte gut gelaunt danach, wie es denn jetzt weitergehen solle. Einerseits waren wir alle drei bester Dinge, andererseits beschlossen wir doch schnell, dass wir an dieser Stelle mit unserem Tun enden wollten, um nach Hause und ins Bett zu gelangen. Wir hatten in dieser Nacht an diesem Punkt einfach die Schnauze voll.

Am nächsten Morgen waren unsere vermeintlich so heftigen Erlebnisse, gemessen an der vergangenen Nacht, doch nur verschwommene Erinnerungen. Wann immer die Rede von dieser Nacht war, wurde sie deshalb bald auch schon, und das angelegentlich aller Gespräche und Rückbesinnungen, zur sogenannten Stunde der gefiederten Freunde oder gar zu einem unerwarteten Treffen mit dem Gott der Vögel.

Selbstverständlich blieb diese vergangene nächtliche Konfrontation jedem Einzelnen von uns in ihrer Konsequenz als das Scheitern an einem elementaren Wesen im Gedächtnis, welches wir uns angewöhnten, in unseren laufenden Erzählungen nur noch als Vogelgott zu bezeichnen.

Meldorf

(Teil 3)

Viel habe ich dazugelernt in den Meldorfer Tagen, und manche meiner mindestens die Kampfkunst erlernenden Begleiterinnen und Begleiter blieben noch bis in die späten 80er Jahre mit dabei. Meiner unklaren Präferenzen wegen war die Fluktuation allerdings auch sehr groß.

Nur an Wenige kann ich mich namentlich erinnern, wie zum Beispiel Anja, die wie viele Abituranwärterinnen von einem der Meldorfer Gymnasien ihr Taschengeld als Hilfskraft der Werkstatt verdiente. Schon bald hatte sie einen guten privaten Kontakt zu Kirsten und mir.

Diese Verbindung hielt eine lange Zeit bis zu unserem Umzug nach Stelle-Wittenwurth und ihrem eigenen Umzug nach Heide in die Kreishauptstadt Dithmarschens. Ihr und ihrem Freund konnte ich in den letzten Tagen ihrer Schwangerschaft sogar noch einmal richtig helfen, indem ich mich darum bemühte, das mit den Füßen bereits an den Geburtskanal geschobene Baby in seiner

Position derart zu beeinflussen, dass es sich noch wenige Stunden vor der Geburt wendete und schließlich doch mit dem Kopf voran zur Welt kam.

Viele erfolgreiche Behandlungen und ein anwachsender Ruf als Kampfkünstler und Begründer der Tan Tien Tschüan-Schule fesselten in den nächsten Jahren meine Aufmerksamkeit und mein Interesse. Durch für mich heute unüberschaubar viele Einladungen zu Vorführungen und Kampfkunstseminaren im gesamten deutschsprachigen Raum wuchsen meine Fähigkeiten und meine Geschicklichkeit über die nächsten Jahre für mich unvorhersehbar stark und auch mit folgenreichem Nutzen in geschäfts-, vertriebs- und fertigkeitstechnischer Hinsicht überproportional an. Dabei standen in jener Zeit die Konsequenzen und der Einfluss kaum zu zählender Überprüfungen und Tests meines Könnens und meines Wissens auf dem Gebiet des sportlichen Kämpfens wie auf dem Gebiet der Verletzungsreparaturen und Regenerationen weitreichend im Vordergrund.

*

Die Inanspruchnahme meines Wissens und Könnens auf diesen Gebieten wurde deshalb für mich schon recht früh ein treibender Druckfaktor. Mein Wunsch und mein Entschluss, wenigstens ein erfolgreicher Heiler zu werden, rann mir in diesem Zusammenhang und angesichts der damit verbundenen Anforderungen und Einsichten wie Sand durch die Finger.

Den letzten Anstoß für diese Entwicklung erhielt ich bei meiner Zusage für umfassende Hilfestellung und die Behandlung einer an Multiple Sklerose erkrankten Frau. Ihre Familie, das waren auch der Ehemann und ihre Kinder, trugen den Wunsch an mich heran, doch bei meinen Kenntnissen bitte etwas zur Erleichterung und Verbesserung der Lebensumstände der Mutter und Ehefrau beizutragen. Eher zögernd stimmte ich diesem Ansinnen am Ende dann doch zu. Schockierend allerdings schien der Umstand eben für jene Familie deshalb zu werden, weil die Frau und ich mit unseren Bemühungen so viel Erfolg hatten, dass sie sich zu Beginn recht früh wieder aus ihrem Rollstuhl erheben und nach einigen Tagen sogar wieder kleine Strecken, wenn auch gestützt auf ihre beiden Krücken, zurücklegen konnte.

Traurig unterbrach sie dann diesen unerwartet erfolgreich begonnenen Prozess und teilte mir gemeinsam mit ihrem Mann den plötzlich von ihr mitgetragenen Familienentschluss mit, unsere Behandlungen um des häuslichen Friedens willen zu beenden. Ich konnte mich des Eindrucks nicht erwehren, dass ich sie zu dem Entschluss, unser Verfahren abzubrechen, irgendwie veranlasst hatte. Darauf direkt von mir angesprochen wiesen sie und ihr Mann den Eindruck, nur mir käme eine Verantwortung dafür zu, unisono weit von sich. Mit vordergründigen Entschuldigungen verabschiedeten sich am Ende beide von mir und betonten noch einmal ihre große Dankbarkeit für das, was ich für sie getan haben sollte und für das, was wir offensichtlich auch geschafft hatten. Später bat mich die Frau telefonisch persönlich noch einmal um Verständnis für ihre Lage und dafür, dass sie einen Bruch mit ihrer Familie nicht riskieren wolle, denn damit sei ihr, wie sie mir bei dieser Gelegenheit erzählte, explizit gedroht worden.

Nicht, dass es mir nicht allzu verständlich gewesen wäre, dass Menschen zu derlei Reaktionen in der Lage waren, und sei es auf Grund plötzlich aufkommender weltanschaulicher Bedenken - sie waren unter anderem auch Freimaurer -, einen doch so überschaubaren und vor allem gefahrlosen Prozess kurz vor seinem Ende zu unterbrechen. Aber irritiert hat es mich dennoch.

*

Solche und ähnliche Erfahrungen trugen wesentlich ihren Teil mit dazu bei, die stärker werdende Skepsis gegen meine eigene Einstellung und Praxis hilfsbereiter Zuwendung in vielen Belangen menschlicher Fragen und Probleme immer weiter zurückzunehmen und als bloße sozialökonomische Beteiligung an den üblichen Geschäften zu begreifen.

Die darüber hinzugewonnenen Fähigkeiten, mich in gesellschaftlichen, sozialen und persönlichen Angelegenheiten ungezwungener und effektiver zu bewegen, konnten darum mein emanzipatorisches Streben und Mühen nur förderlich beschleunigen. Überdies wusste ich nur zu genau, dass die Verfolgung ureigenster Interessen und Ideen bei Gelegenheiten, die menschlichen Notlagen entspringen, allzu oft aufsetzt. Ich betrachtete zumindest auch solche Umstände als gute Chance zu einer Kommunikation, die über den Punkt der bloßen Verständigung hinausgehen könnte.

Meine persönliche Entwicklung bis dahin erwies sich als genau entgegengesetzt dazu. Mein Sinnen und Streben konzentrierte sich wie auf der Achse eines Krans von seiner tiefsten Verankerung bis an die höchste Spitze des Arbeitsarmes, um seiner speziellen Aufgabe gerecht werden zu können. Die meisten der positiven Ergebnisse, geradezu spürbar waren für mich die anwachsenden Fähigkeiten auf dem Gebiet der Krankheitsbewältigung Hilfesuchender genauso wie auf dem Gebiet der Kampfkünste, führte ich deshalb selbstverständlich auf die Ereignisse in den Meldorfer Zeiten und die Erfahrungen in den Gudendorfer Nächten zurück.

Gudendorfer Wald

(Teil 3)

Wie sollte es mich da in Erstaunen versetzen, wenn sich wie von einem immer stärker werdenden Nebel ein wesenhafter Schatten aus der Zeit jener mitternächtlichen Abenteuer weit in meine Gegenwart über die längst vergangene Intensität und Bedeutung, die dieser ohnehin für mich hatte, hinaus zu entfalten begann?

Unruhiger Schlaf und heftige Alpträume trieben meine vergeblichen Mühen, zur Entspannung und Ruhe zu gelangen, durch die nächsten Nächte. Erst nachdem meine Anstrengungen, zur spätabendlichen Erholung zurückzukehren, auf ganzer Linie scheiterten, wurde mein Verdacht, den ich wohl nicht zu akzeptieren bereit war, langsam doch zur zweifelsfreien Gewissheit. Wie ein Tor öffnete sich das Begreifen, dass wir es in jenem Augenblick schon wieder mit dem von uns so genannten Vogelplatz zu tun bekamen, mit welchem wir uns bei einem unserer Nachtgänge in den Gudendorfer Wald konfrontiert gefunden hatten und den wir nur mit unterdrückter Panik im Rücken fluchtartig verlassen mussten.

Fortan verfolgte mich jenes Erlebnis, bei dem unser ohnehin schon zerrissener Gedächtniszustand und unser angeschlagener Mut auf die wohl härteste Probe gestellt wurden, an die ich mich erinnern kann. Von den Träumen fortwährend von zurückkehrenden dunklen Erinnerungen an den besagten Platz in den Hügeln des Gudendorfer Wäldchens geplagt, war nicht nur ich, sondern auch Kirsten bald schon derartig genervt, dass wir beide fast glauben wollten, dieses sei eine, wenn auch verdiente, Strafe für jene finsteren und bedrohlichen Machenschaften unserer nächtlichen Treffen mit den Wesen und Geistern eines Abgrunds, welcher sich erst bei dieser Gelegenheit unserem Sinn und unserem Dasein sprichwörtlich auftat und immer wieder unseren Weg kreuzte.

Es scheint mir nicht übertrieben, an dieser Stelle mit einem sinngemäßen Zitat, welches auf H. P. Lovecraft zurückgeführt werden kann, meine Schilderung jener Stunden und folgenden Wochen zu akzentuieren, nämlich mit dem Ausspruch: „Viel schlimmer noch als die finsterste Dunkelheit, die dem abgrundflüchtigen Reisenden begegnen kann, dürfte sich doch dasjenige erweisen, das in den Tiefen unergründlicher Ferne darin hausen mag.“ Besser lassen sich die Gefühle und Empfindungen kaum umschreiben, die unsere Seelen bis zu jenem geistigen Zusammenstoß, von welchem hier die Rede sein soll, vor sich hertrieben.

Einige Wochen dauerte es an, dass Kirsten und ich, schlafgestört und aufgewühlt, unseren Alltag meistern mussten, und die Tage und die Stunden wurden uns zur drückenden Ewigkeit. In dieser Zeit wünschte ich mich darum auch weit fort, besonders dann, wenn ich mir morgens mit einem zufälligen Blick selbst im Spiegel begegnete.

Irgendwann in einer der darauffolgenden Wochen schockte mich jedoch ein Alptraum so sehr, dass er mich mitten in der Nacht von einem Augenblick auf den nächsten in ein schreckgetriebenes Erwachen schleuderte, das ich nun in allen seinen Konsequenzen und unter gar keinen Umständen mehr ertragen wollte. Nicht nur, weil die Auswirkungen dieser furchterregenden Nachtüberraschung völlig neu und vergleichslos waren, will ich an dieser Stelle darauf nicht verzichten, das Traumerlebnis, so gut ich mich daran erinnern kann, wiederzugeben und aufs Genaueste zu schildern.

Es muss bei allem Dunkel meiner Rückbe-
sinnung der Wald um Gudendorf gewesen
sein, in dem sich für mich all das Grausi-
ge und Unheimliche zutrug. Es hatte mit
einem nächtlichen Ausflug von Kirsten
und mir in die nahe Meldorfer Umgebung
seinen Anfang genommen.

Die Nacht trug ihr dunkelstes Kleid, und
wir waren mit drei weiteren Freunden
schon weit auf dem Gelände der Mulden
und Hügel durch dichtes Gestrüpp und
das sperrige Gehölz verschiedener Nadel-
bäume vorgedrungen, als uns erst auffiel,
wie ungeheuer still es um uns herum war.
Nicht einmal der ferne Lärm entlegener
Bundesstraßen oder Autobahnen schien
uns zu erreichen. Wie ein Tier, das die Nü-
stern zur Witterung anhebt, streckte ich
meine Nase in die fast unbewegte Luft
und sog sie, nur um irgendetwas wahrzu-
nehmen, in Ermangelung akustischer Rei-
ze tief ein. Unsere Augen waren, speziell
mit einer kaum vorhandenen Sicht im
Dämmerschein des frühen Morgens, ein
wenig überfordert.

Doch sollte es nicht lange dauern, bis wir
mit der Position auf einer Lichtung mit
den Ausmaßen eines Fußballfeldes den
von uns gewählten Beobachtungspunkt
erreichten, von dem wir überzeugt waren,

die optimale Übersicht über die sich vor unseren Augen öffnende Landschaft wahren zu können.

Ich vergaß ganz und gar, dass ich träumte. Die Bilder und Eindrücke meiner Schlafvision weiteten sich, einer Kameraführung vergleichbar, zu einer umfassenden Totale über die von Bäumen umfriedete große Lichtung aus. Nach einem Augenblick standen eine Handvoll Personen in einem überschaubaren Abstand zueinander geordnet, fast symmetrisch verteilt, auf den von Mondlicht überfluteten Hügeln und Senken.

Unvermittelt wechselte in diesem Traum dann die Perspektive in den Blickwinkel eines der wenigen Menschen, die auf der großen Lichtung verteilt, unbewegt wie zu Statuen gegossen, herumstanden. Und etwas erschreckend Fremdes nahm unversehens und gleichzeitig wie aufs Selbstverständlichste, kerzengerade aufgerichtet, die Gestalt eines in einen langen, altertümlichen Umhang gekleideten Wesens an, welches dem unvorbereiteten Beobachter doch einem Menschen sehr ähnlich schien.

Gefesselt wurden wir ausnahmslos von Anbeginn von dem bügelsteifen Umhang, der sich trotz niedrig ziehender Wolken wie der Handschuh um die Faust mit dem

Donnerkeil Thors drohend gegen den Horizont abhob. Der Kopf der Erscheinung und ihr Gesicht waren mit tief liegenden Augen, wenn man von dem schnabelähnlichen Nasenrücken einmal absah, das wohl Furchterregendste, was ich bis dahin in meinem Leben je zu Gesicht bekommen hatte. Wenige Sekunden nur wurde unser Blick, gebannt durch die unabweisliche und durch nichts misszuverstehende Bösartigkeit dieser Gestalt, von einem hypnotischen Effekt gefesselt.

Dann löste sich der Anblick, einer verdunstenden Wolke gleich, vor unseren Augen auf und ging, immer noch langsam genug und merkbar zögerlich, in der abgeschwächten Dunkelheit des Himmels und dem finsteren Schatten der Bäume und Sträucher mit abnehmenden Wirbeln in sein vollständiges Verschwinden über. Der Hauch von gezündetem Schwarzpulver lag in der Luft. Meine sofort einsetzende Sinnesumnachtung entzog mir, wahrscheinlich rechtzeitig, weitere nicht zu begreifende Eindrücke.

Nur mit großer Mühe konnte ich mich später und bis heute - behelfs zerrissener Eindrücke und Bilder - an diesen speziellen Augenblick einer Fast-Begegnung mit jenem unheimlichen Wesen erinnern.

Ausblick

Jeder Vogel, sei es, dass er unter dem Himmel den Weg der Wolken kreuzt oder dass er sich niederlässt in den Wipfeln der Bäume wie auf den Dächern der Häuser oder pickend und nickend über Straßen und Grünflächen auf der Suche nach Fressbarem hüpft, rückte seither immer mehr in die erste Wahl meiner Aufmerksamkeit und begann zunehmend mein Sinnen und Trachten zu bestimmen. Meine Phantasie war offen für Vieles, bis mich das beschriebene Ausnahmeinteresse an allem Vogelartigen gänzlich vereinnahmte.

Meinem sozialen Umfeld gegenüber erschien ich deshalb regelrecht lästig und musste mich nicht selten aufwendig erklären. In jenen Tagen konnte ich es mir dennoch nicht verkneifen, das eine oder andere über Vögel zu behaupten und lautstark in die Welt zu pusten.

In meinen begeisterten Darlegungen war es nun der Vogelgott, der die Farben der Wolken und das Licht des Himmels unentwegt durchwanderte und in seinem Flug die Strahlen der Sonne und den Dunst der Nebel kreuzte. Sollte sich dann auch noch das Grün der Pflanzen in allen denkbaren Spielarten in ihre Blätter, Stängel und Schalen werfen und sich das Kreischen, Röhren und Grunzen aus der Welt der Tiere in der Ferne wieder treffen, käme das, was wir daraus über den Vogelgott schließen könnten, doch nur dem Krächzen vorüberziehender Krähen oder dem Kreischen davonsegelnder Möwen gleich.

All diese Dinge geschahen und geschehen tatsächlich unter den Augen aller in unterschiedlichen Gesellschaften organisierten Individualisten. Ihr ziviles Streben und ihr soziales Handeln verstellte ihnen dennoch von Anbeginn den vielleicht möglichen Blick für derlei Aus- und Einsichten. Doch der Schock entuferter Wirklichkeiten wäre für sie vielleicht nicht kompensierbar. Die unterschiedlichsten Kulturen in den Ländern und auf den Kontinenten der Erde würden sich wohl der Option der Entuferung gegenüber als taub und verschlossen erweisen.

So trieb der Vogelgott in meinem Traumerlebnis nicht nur sein schnabelgesichtiges Unwesen, sondern überraschte mich in meiner Schlafvision, bevor ich erwachen konnte, punktgenau mit der Unabweislichkeit seiner Gegenwart, glaubte ich doch am Ende zunächst, das ferne Rauschen und das Aufbrausen ungezählter aufschlagender und flatternder Flügel zu hören. Meine Ohren verrieten, wie ich es bereits beschrieben habe, über den nicht zu überbietenden und kaum zu beschreibenden Lärm nur, dass gerade ein Vogelschwarm gigantischen Ausmaßes angefangen hatte, sich von den Ästen und Zweigen der Waldwipfel, den Hausdächern und den Laternen der Gudendorfer Umgebung zu lösen.

In diesem Moment wachte ich auf, mein Blick auf die Nachtuhr zeigte mir, dass mir doch noch genug Zeit für einen erholsamen Restschlaf verblieb.

Auch als Traumerlebnis allerdings war dieses Treffen auf so ein Wesen wie den Vogelgott einmalig und hat sich mit ähnlichen Bildern und Eindrücken nicht noch einmal wiederholt. Dennoch war dieser Vogelgott seit jener Begegnung und im Traum omnipräsent. Selbst wenn bei mir zwischenzeitlich nicht einmal das ferne Erinnerungsgefühl eines Gedankens oder einer eher unbewussten Reflexion zu einer zerrissenen Idee über sein unheimliches Wesen aufkommen wollte, so wurde und werde ich doch zweifellos von seiner Anwesenheit ohne jede Unterbrechung wie von einem steifen Wind verfolgt.

Kein Plätzchen, keine Lichtung und kein Baumwipfel im Gudendorfer Wäldchen, die nicht vom milden Licht des Mondes getroffen wurden in jener außergewöhnlichen Nacht. Kein zufälliger Spaziergänger, kein früher Sportler, kurzum keine Menschenseele, welche das, wenn auch kleine, so immerhin an Leuchtkraft reiche Naturschauspiel erleben und angemessen hätte bewundern können, war in jenen vielen Nächten unserer Abenteuer zugegen, um später darüber zu berichten. Worüber denn auch, mag sich das unbeflissene Gemüt fragen und nicht verstehen, worauf ein derartiger Rückgriff wohl abzielen würde. Nur der Eingeweihte ist sich sicher und der Empfängliche hat so eine Ahnung, weshalb der Vogelgott seither ein fester Bestandteil der gesamten Gegend um Meldorf herum geworden ist.

Über kalte Sternennächte, über sonnige Tagesläufe oder ihre verregneten Brüder und Schwestern des Kalenders, kurz, über die ganze Zeit bis zu dem heutigen Augenblick halten all die Menschen, die von dem Vogelgott wissen, ihren schweigenden Abstand oder reagieren mit vehementer Verleugnung jedem Gesprächspartner gegenüber, der es wagte, ihnen auch nur Mutmaßungen zum Thema zu Gehör bringen zu wollen.

Die Sonne indes dörrt weiter die Äcker und die Felder aus, und die Regenstürme wässern die fruchtbaren Erdklumpen in den Wiesen und Wäldern, wenn auch im sprichwörtlichen Überfluss, während ein zeitloses Wesen über allem die Flügel ausbreitet und seinen nichtmenschlichen Geschäften aufs Allerentschiedenste und Umfassendste nachzugehen versteht.

Für den unbedarften Beobachter mag es lediglich eine Lichtung in irgendeinem Forstwäldchen exakt an einem Ort, der Gudendorf genannt wird, sein. Doch für ein geschultes empfindsames Gemüt wird der boshafte Schatten, der die Region überlagert und verhängnisvoll durchdringt, durchgehend spürbar und als das zu erkennen sein, was es ist, nämlich als ein Ort der Konfrontation und des Zanks zwischen Mächten fremdester Herkunft und nicht rechenbaren Ausmaßes.

Der Regen fällt im Sommer wie der Schnee in der Winterzeit, und jeden Morgen lässt die frühe Sonne ihre Strahlen oder die Nacht ihre Regengräue und ihre Nässe über Wiesen und Felder, Hügel und Wälder sowie über die Bäume und Sträucher und Lichtungen bei Gudendorf in Schleswig-Holstein auf die immer gleiche Weise aufgehen oder niedersinken.

Inhalt

Über den Autor

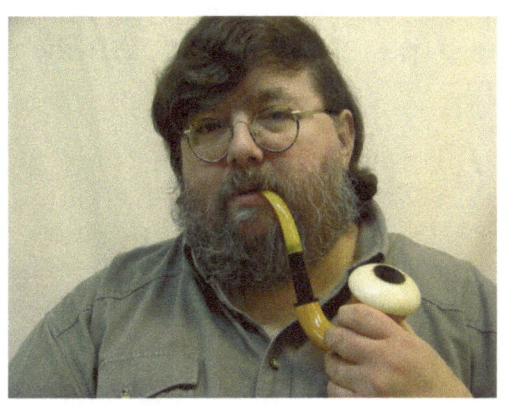

Helmut Barthel, geboren 1951 in Hamburg, schreibt seit seinem achten Lebensjahr. Sein beeindruckendes Werk umfasst heute weit mehr als 1000 Gedichte, veröffentlicht in sieben Lyrik-Bänden, und zwei Serien von über 100 Kurzerzählungen über bedeutende Religionsstifter und Philosophen von der Antike bis in die Gegenwart wie die Episoden über den "Zimmermann in der Wüste" und über den "Vollerwachten". Die schon früh entstandenen kurzen Social- und Science-Fiction-Erzählungen in "Ein Tag wie morgen" sowie der Band „Fabulate. Randbemerkungen in zeitkritischen Prosabildern" vermitteln einen ergänzenden Einblick in das breite erzählerische Spektrum des Autors.

2015 erschien der erste Teil der Roman-Trilogie "Zauber kalt. Ein Märchen für Erwachsene: Teil 1 - Bari in Inari". Der dritte Band mit dem Titel "Wirklich kalt" soll in Kürze folgen.

Im Jahr 1982 gründete Helmut Barthel den MA-Verlag. Er ist Chefredakteur der Online-Tageszeitung Schattenblick und schreibt nachhaltige Fachartikel in den Bereichen Politik, Kultur, Philosophie und Sport. Seine Leidenschaft gilt der deutschen Sprache, besonders in verdichteter Gestalt.

Zauber kalt

Ein Märchen für Erwachsene

Teil 1 - Bari in Inari

von Helmut Barthel

Folgt mir nun auf die Reise in eine ferne Vergangenheit, die der Zukunft doch so nahe ist wie die Worte, die ich gebrauchen werde, um Euch die Begebenheiten meiner Wanderschaft an die Quellen der Zauberei zu erzählen.

Zauber kalt
Ein Märchen für Erwachsene
Taschenbuch, Preis 11,80 €
ISBN/EAN: 978-3-925718-34-2

Der dritte Band mit dem Titel
"Wirklich kalt" folgt in Kürze.

*

Helmut Barthel
Sorcery Cold
A Fairytale for Adults

translated from German
by Riocard Ó Tiarnaigh
Paperback, Preis 10,00 €
ISBN/EAN: 978-3-925718-38-0

Helmut Barthel

Fabulate

Randbemerkungen in zeitkritischen Prosabildern

Die Themen dieser Sammlung zeitkritischer Ein-
lassungen und kleiner lyriknaher Prosatexte ent-
stammen einem breiten Spektrum von Politik
und Gesellschaft über Ökonomie, Medien, Re-
pression, Umwelt, Klima und Katastrophen bis
hin zu Sozialem, Philosophischem und Kulturel-
lem. Oftmals in Metaphern verkleidet werden die
Brennpunkte menschlicher Konflikte mit scho-
nungsloser Genauigkeit ausgeleuchtet.

Mit großer sprachlicher Ausdruckskraft nimmt
der Autor Stellung zur Qualifikation von Raub
und Zerstörung vom Anbeginn der Menschheits-
geschichte bis in die Gegenwart. Die punktuelle
Präsentation seiner Sichtweise regt an, die Gedanken fortzusetzen. Kleine Anlässe fördern
überraschend weit über das Problem hinausge-
hende Fragen zutage - ein Grund, während des
Lesens zu verweilen und sich nach und nach in
die reiche und vielschichtige Welt der „Fabulate"
entführen zu lassen.

Helmut Barthel

Fabulate

Randbemerkungen in zeitkritischen Prosabildern

Paperback, Seitenanzahl 284
Preis 12,00 €
ISBN/EAN: 978-3-925718-40-3

Helmut Barthel

Ein Tag wie morgen

Kleine Geschichten

Der Gau

Gleiches Licht für alle

Die Idiotenwiese

Komm du

*Warum ist Bodhidharma
nach China gekommen?*

Die Nacht

Langeweile

Um 10:00 Uhr irgendwo in Deutschland

Firmenkondolenz

Helmut Barthel
Ein Tag wie morgen
Kleine Geschichten

Paperback, Preis 9,00 €
ISBN/EAN: 978-3-925718-37-3

Der Vollerwachte

aber widersprach und sagte ...

von Helmut Barthel

Unnahbar geht der Erhabene seinen Weg und hinterläßt ganz nebenbei bedenkenswerten Rat und erfrischende Worte zu allzeit aktuellen und grundlegenden Lebensfragen und spirituellen Rätseln. In stets zugewandten, virtuellen Disputen wendet er sich mit lebenspraktischem Blick gegen die Einseitigkeit fundamentaler Wahrheiten und tritt kompromißlos der Vormacht aller Schmerzen und dem Spektrum aller Leiden entgegen.

Ein Lesevergnügen eben nicht nur für die Vertreter der diversen Glaubensrichtungen.

Helmut Barthel
Der Vollerwachte
aber widersprach und sagte ...

Paperback, Preis 9,90 €
ISBN 978-3-925718-28-1

Ein Zimmermann
in der Wüste

Es begab sich aber vielleicht auch ...

*Eine heitere Exegese
neutestamentarischer Begebenheiten*

von Helmut Barthel

Mit einer Exegese der besonderen Art bietet Helmut Barthel in seinem Erzählbändchen eine ganz neue, humorvolle, bisweilen deftige Sicht auf 14 bekannte neutestamentarische Episoden um den Zimmermann Jesus von Nazareth und seine Anhänger, der ganz ohne Religiosität und Frömmigkeit auskommt. Ein Lesevergnügen und eine Entdeckungsreise sowohl für moderne Christen als auch für Anhänger anderer Glaubensrichtungen.

Helmut Barthel
Ein Zimmermann in der Wüste

Taschenbuch, Preis 8,20 €
ISBN/EAN: 978-3-925718-35-9

Zeitfracht Medien GmbH
Ferdinand-Jühlke-Straße 7
99095 Erfurt, Deutschland
produktsicherheit@kolibri360.de